ITRES ET TRAVAUX

DE

Félix LEJARS

G. STEINHEIL, Éditeur.

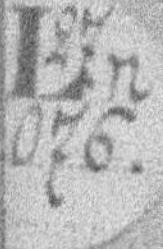

TITRES ET TRAVAUX

DE

Félix LEJARS

CHIRURGIEN DES HOPITAUX DE PARIS

PARIS
G. STEINHEIL, ÉDITEUR
2, RUE CASIMIR-DELAVIGNE, 2
1892

TITRES SCIENTIFIQUES

Externe des hôpitaux, 1882.

Interne des hôpitaux, 1883.

Aide d'anatomie, 1885.

Prosecteur à la Faculté, 1887-1890.

Docteur en médecine, 1888.

Chef de Clinique chirurgicale, 1890.

Chirurgien des hôpitaux, 1891.

Lauréat des hôpitaux (médailles d'argent, 1885 et 1887).

Lauréat de la Faculté (Prix de thèse, 1888).

Membre de la Société Anatomique, de la Société Clinique et de la Société d'Anthropologie.

TABLE ANALYTIQUE

I. — ANATOMIE CHIRURGICALE

II. — CHIRURGIE

III. — ÉTUDES ÉTRANGÈRES

I. — ANATOMIE CHIRURGICALE

L'injection des veines par les artères. Mémoire présenté à l'*Académie de médecine*, le 25 septembre 1888. Rapport de M. le professeur MATH. DUVAL, le 26 décembre 1888.

La circulation veineuse des moignons. Les veines des névromes. *Archives de physiologie*, 1889, p. 702 et 735 ; pl. IX et X.

Grâce à la méthode précédente (1), j'ai entrepris, pendant mon séjour à l'École pratique, une série de recherches sur l'anatomie chirurgicale du système veineux.

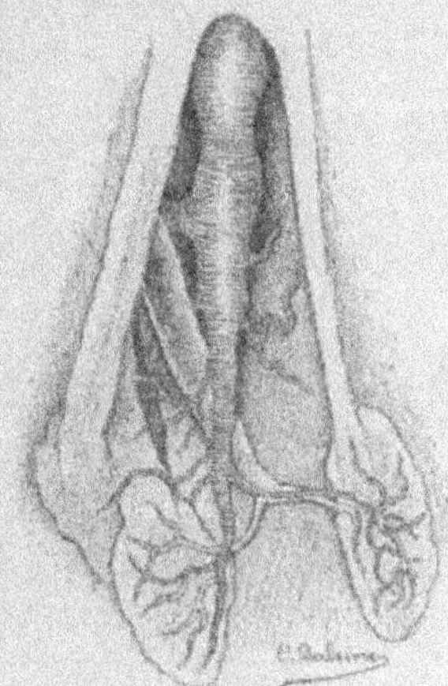

FIG. 1. — *Veines des névromes.* — Moignon d'amputation intra-deltoïdienne ; le névrome (médian) est sectionné en deux ; l'artère et la veine axillaires, très rétrécies et terminées en pointe, s'irradient dans son épaisseur.

Les moignons anciens sont enveloppés d'un riche réseau veineux

(1) Je rappelle ici que c'est d'après les conseils de M. le professeur FARABEUF, que j'ai mis en pratique cette méthode d'injection veineuse.

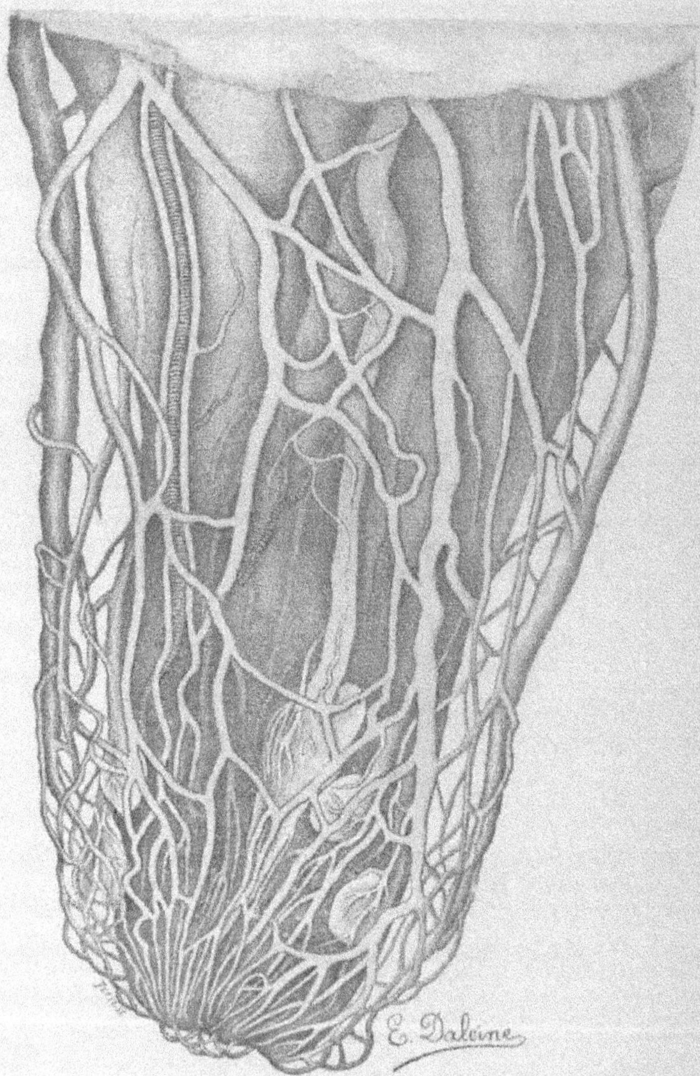

FIG. 2. — *Veines des moignons* (moignon d'avant-bras)

superficiel : il prend naissance dans la cicatrice même, et, sous la peau mince de l'extrémité du moignon, il forme une nappe continue de troncules veineux accolés. Les grosses veines superficielles se terminent par une ampoule arrondie, à peine renflée, où converge tout un chevelu de rameaux, d'origine cicatricielle.

Enfin les névromes sont pourvus d'une remarquable vascularisation : les veines s'enchevêtrent en lacis à leur surface, et constituent un réseau serré dans leur intérieur ; des anastomoses nombreuses relient ces veines des névromes, relativement profondes, aux affluents du réseau sous-cutané.

Il suit de là que les variations brusques de calibre du système sous-cutané doivent avoir leur retentissement dans les veines des névromes : les abaissements thermiques, par exemple, qui resserrent le plexus superficiel, doivent congestionner les veines intra- et périnévromateuses : d'où une explication fort simple des douleurs passagères et intermittentes des moignons, qui ne se rattachent pas à un processus névritique.

Les veines du pied chez l'homme et les grands animaux.
Archives de physiologie, janvier 1890, 5e série, t. II, pl. 2 et 3.

Il existe, à la plante du pied, une épaisse *semelle veineuse*, intimement accolée à la face profonde de la peau, ou mieux enchâssée dans le derme ; c'est une véritable lame érectile sous et intradermique. Au niveau du talon et des extrémités interne et externe du bourrelet sous-métatarsien, *aux points de pression*, le réseau plantaire est plus gros et plus serré. Il est constant chez l'homme, et aussi chez les animaux, l'autruche, l'éléphant, le kanguroo, etc. On peut donc admettre que ce plexus veineux est un élément nécessaire des organes de sustentation ; il sert à entretenir la caléfaction de la peau des extrémités, et il concourt à sa résistance, en neutralisant une partie des pressions.

Nous avons trouvé des réseaux veineux de semblable disposition et de pareil volume, à la face antérieure du genou, à la face postérieure du coude, etc. ; c'est là peut-être une des principales causes de la résistance spéciale de la peau, en ces régions, et de son aptitude à faire de bons moignons.

Les voies de sûreté de la veine rénale. *Bull. Société anatomique*, 5e série, t. II, p. 504 à 511.

A chacun des principaux territoires veineux, est annexé un appareil de dérivation, de proportions restreintes à l'état normal, mais qui s'élargit et se dilate, lors d'arrêt circulatoire.

Pour la veine rénale, la voie de sûreté la plus importante est représentée par le *canal réno-azygo-lombaire*, grosse branche qui se détache du bord postéro-inférieur de la veine rénale, se porte en arrière, croise le bord droit de l'aorte, et se dédouble : l'une des divisions, descendante, se jette dans le système des veines lombaires, l'autre s'accole au rachis et traverse les attaches du diaphragme, pour aller rejoindre les origines des azygos.

Cette grosse voie d'échappement existe, à gauche, 88 fois sur 100 ; à droite, elle est représentée, le plus souvent, par des anastomoses de la 1re veine lombaire.

On comprend que, lors d'oblitération, momentanée ou définitive, de la veine cave inférieure ou du tronc de la veine rénale, le sang trouve, dans ces canaux accessoires, une voie détournée, suffisante, au moins pour un temps, à prévenir les accidents de la stase prolongée (1).

Les veines de la capsule adipeuse du rein. (En collaboration avec M. Tuffier.) *Archives de physiologie*, janvier 1891.

C'est là un grand centre de dérivation veineuse ; on y reconnaît aisément cinq débouchés principaux, cinq groupes veineux :

1° *Gr. capsulo-rénal*, qui se jette directement dans les branches antérieures et postérieures des veines rénales ;

2° *Gr. capsulo-mésaraïque*. Composé de veinules porto-rénales, qui émergent des pelotons de la capsule adipeuse, et, glissant entre les deux feuillets des mésocôlons, aboutissent aux veines coliques droites et gauches.

(1) Les faits insérés dans la thèse de M. Vimont (*Contrib. à l'ét. des oblitérations de la veine cave inférieure*, Th. doct., 1890), et une observation remarquable de M. Lépine (de Lyon) (*Revue de médecine*, 1888) ont démontré la réalité clinique de ce rôle attribué au canal réno-azygo-lombaire.

3° *Gr. capsulo-surrénal*. Terminaison supérieure de l'arc veineux périrénal;

4° *Gr. capsulo-spermatique*. Terminaison inférieure de la même arcade;

5° *Gr. capsulo-lombaire*. Ces veines, émanant des veines cap-

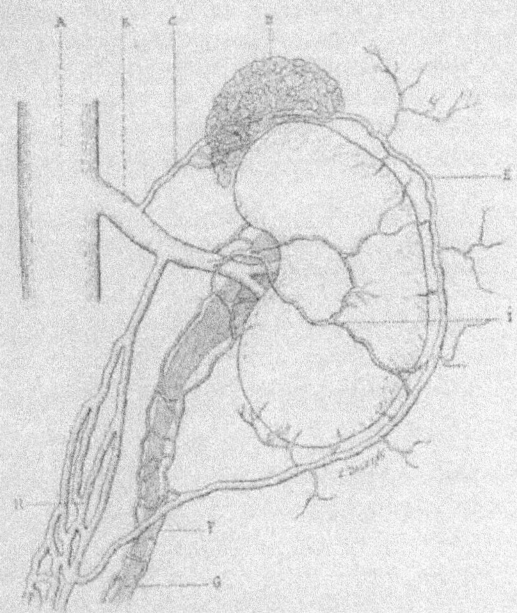

FIG. 3. — *Veines de la capsule adipeuse du rein.*

A, Veine cave inférieure. — B, V. rénale. — C, V. surrénale. — D, Capsule surrénale. — E, Arc veineux péri-rénal. — F, Veines de l'uretère. — G, Uretère. H, V. utéro-ovariennes. — I, V. capsulaires antérieures.

sulaires, et reliées, par suite, à la circulation veineuse du rein, lui créent une large communication avec les veines pariétales de la région lombaire; par une série de troncules perforants, elles traversent la paroi musculaire des lombes, pour s'inosculer avec le plexus sous-cutané (1).

Parmi ces veines postérieures, il en est qui s'accolent aux *nerfs abdomino-génitaux*, et les suivent sur toute leur longueur, émettant une série de branchioles, qui plongent et se divisent dans l'épaisseur du tronc nerveux ; la circulation veineuse propre de ces nerfs est donc intimement associée à celle de la capsule adipeuse, à celle du rein, et la congestion rénale *et* périrénale doit avoir comme retentissement nécessaire la congestion des nerfs abdomino-génitaux. N'y a-t-il pas là une pathogénie fort plausible de certaines névralgies d'origine rénale?

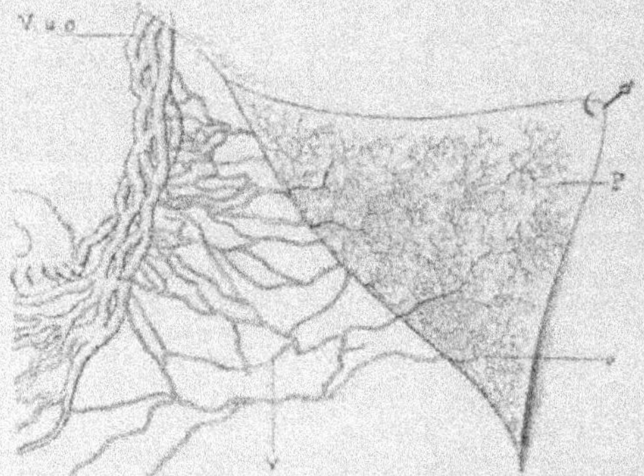

FIG. 4. — *Veines du péritoine pelvien, se jetant dans les veines utéro-ovariennes.*

Nous signalerons encore la description des *veines de l'uretère* et du plexus veineux rétro-pyélique, et celle des *veines du péritoine pelvien* ; réseau d'une richesse inouïe, et tout entier tributaire des veines utéro-ovariennes. Les agents infectieux, que charrient les veines, trouvent donc une voie toute prête pour envahir le péritoine.

(1) M. le professeur RENAUT (de Lyon) a récemment insisté sur l'importance de ces anastomoses.

Artères et veines des nerfs. (En collaboration avec M. QUÉNU.) Communication à l'*Académie des sciences*, octobre 1890.

Étude anatomique sur les vaisseaux sanguins des nerfs. (En collaboration avec M. QUÉNU). *Archives de neurologie*, janvier 1892.

Il est, dans la pathologie des nerfs périphériques, tout un groupe d'accidents, passagers et superficiels, qui relèvent, sans doute, d'influences circulatoires. Certaines formes de névralgies, certains troubles fonctionnels s'expliquent bien par des alternatives d'hyperhémie et de stase ou d'anémie. Il y a là toute une *théorie vasculaire* des névralgies. De plus, il faut faire une grande part aux lésions propres des vasa nervorum (à l'ectasie des veinules, à l'athérome des artérioles) dans la pathogénie des névrites chroniques. Quels sont donc les caractères précis de cette circulation sanguine des nerfs, jusqu'alors si peu connue?

Cette étude, poursuivie sur tous les nerfs périphériques et plusieurs nerfs crâniens, nous a révélé des analogies étroites avec la circulation encéphalique. Voici, pour la circulation artérielle, résumées en quelques formules, les données principales :

1° Les nerfs superficiels sont tous accompagnés, sur toute leur longueur, d'une artériole, qui leur reste accolée, et qui se prolonge, grâce à une série d'arcades. Ils forment ainsi les principales voies directrices du système artériel sous-cutané ;

2° Chaque tronc nerveux reçoit ses artères *d'origines constantes*, et il en résulte souvent *des connexions physiologiques ou morbides de grande importance* ;

3° Un tronc nerveux ne reçoit jamais toutes ses artères d'un seul tronc artériel : la multiplicité des voies d'apport prépare la multiplicité des suppléances ;

4° Toutes les conditions qui, dans les centres nerveux, empêchent l'afflux direct et brusque du sang artériel, se retrouvent dans les nerfs (incidence oblique des artérioles, division et ramescence intra-névrilemmatique, etc.).

Il existe donc des *territoires vasculaires précis* pour chaque tronc nerveux : ainsi l'irrigation artérielle du grand sympathique et du pneumogastrique au cou vient tout entière des thyroïdiennes : la thyroïdectomie totale entraîne donc, pour ces deux nerfs, une brusque anémie, passagère, il est vrai, mais qui suffit à expliquer certains accidents, passagers aussi, l'aphonie, les crises dyspnéiques, etc.

Quant aux *venæ nervorum*, elles tendent constamment à gagner les veines profondes, soumises à l'action musculaire :

1° Les veines des nerfs superficiels *se jettent toutes dans les*

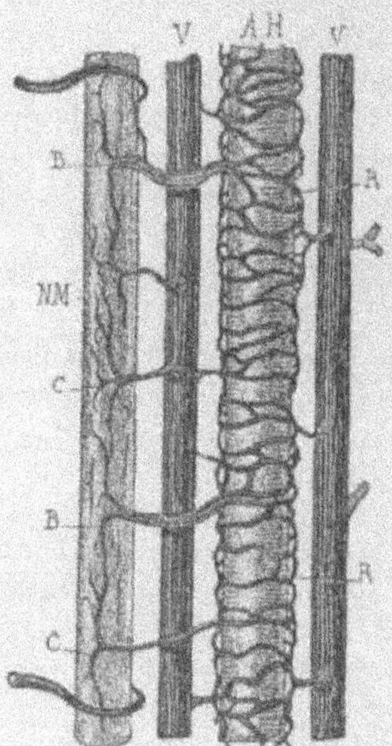

FIG. 5. — *Veines d'un tronc nerveux, se jetant dans le réseau du vasa vasorum de l'artère voisine.*

veines profondes ; quand elles communiquent avec les veines superficielles, ce n'est que par une anastomose de petit calibre, et l'aboutissant profond n'en existe pas moins ;

2° Les veines des nerfs satellites d'un paquet artério-veineux se rendent, soit à la grosse veine voisine, soit au *réseau du vasa vasorum qui entourent l'artère*, soit aux collatérales musculaires près de leur embouchure (*Veines névro-musculaires*). Mais elles ne se

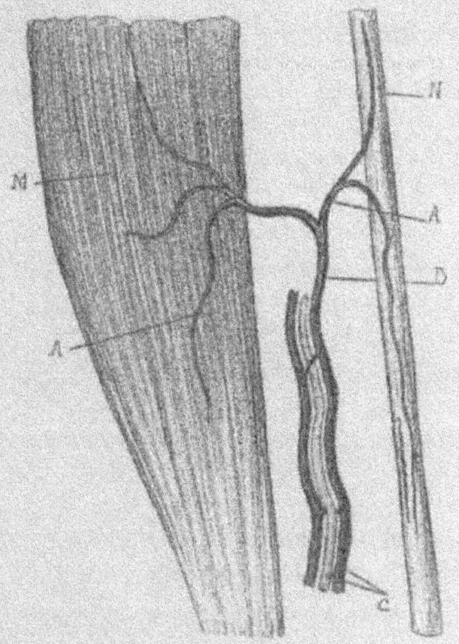

Fig. 6. — *Veine névro-musculaire.*

C, Artère et veines collatérales. — M, Muscle. — A, Veine musculaire. — A', Veine nerveuse. — B, V. névro-musculaire.

rendent jamais toutes à la grosse veine, et la plupart gagnent les veines musculaires.

3° Les veines des plexus se rendent aux canaux collatéraux, qui ont une origine musculaire.

4° Le mode d'émergence, de division intra-tronculaire des veines des nerfs est le même que celui des artères.

On sait que l'ectasie s'étend jusqu'aux veines intra-nerveuses, dans les varices ; on sait aussi que le processus variqueux naît constamment dans les veines profondes : il est donc aisé d'expliquer les *réactions nerveuses précoces*, troubles sensitifs, etc., dont la fréquence est si connue. De plus, il résulte des connexions étroites qui relient les vaisseaux des nerfs au vasa vasorum de l'artère voisine, que la nutrition des parois vasculaires et celle des nerfs voisins sont intimement associées : dans l'athérome, un grand nombre d'accidents nerveux reconnaissent, sans doute, une telle pathogénie.

Un fait de suppléance de la circulation porte par la veine rénale gauche et la veine cave. *Progrès médical*, 23 juin 1888.

Étude des anastomoses du système porte et du système cave (veines de Retzius), et spécialement des veine porto-rénales. Dans un cas de cirrhose atrophique du foie, à un stade très avancé, une grosse branche reliait la veine splénique à la veine rénale gauche, et par là s'établissait toute la dérivation du sang porte.

La masse de Teichmann, exposée d'après le mémoire et les enseignements de l'auteur, in-16°, Paris, 1888.

L'innervation de l'éminence thénar. *Société anatomique*, 10 octobre 1890.

A la suite des plaies du médian, on trouve noté, dans plusieurs observations, que l'éminence thénar avait conservé sa sensibilité. Or, l'anatomie classique réserve au médian l'innervation entière de l'éminence thénar. C'est là une notion inexacte : le filet palmaire du médian, de même que le filet terminal du musculo-cutané, se perdent dans la partie toute supérieure du thénar ; c'est le *radial*, qui, par un long *filet thénarien*, émané de sa branche antérieure, innerve toute la peau de l'éminence externe de la main.

On a signalé encore la persistance du mouvement d'abduction du pouce, une fois le médian sectionné : cette apparente anomalie s'explique par ce fait, que le muscle court abducteur reçoit plusieurs filets de la branche antérieure du radial, déjà indiqués par Vogt, Kasper et Etzold.

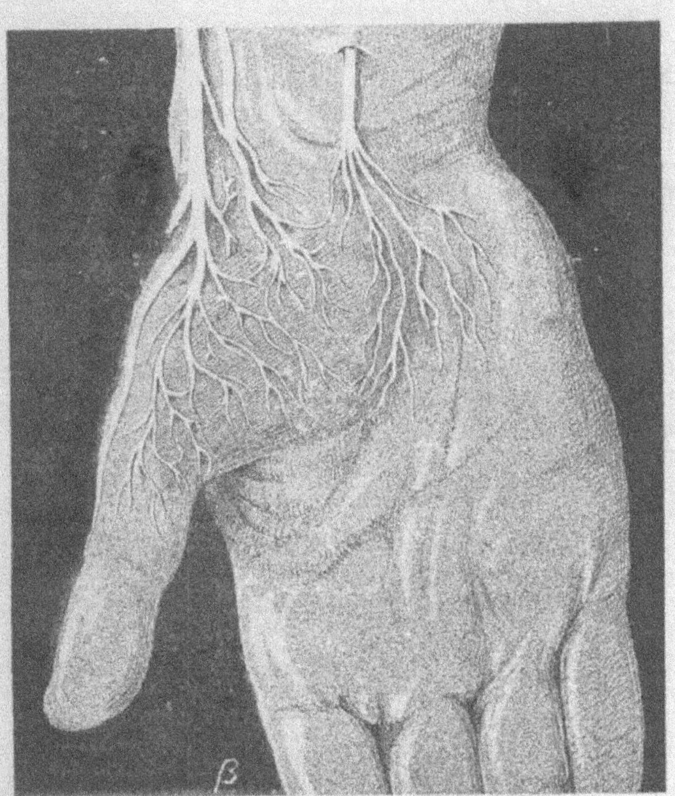

FIG. 7. — Innervation de l'éminence thénar. — *Filet thénarien* du radial. — *Filet radial* du court abducteur du pouce.

La forme et le calibre physiologiques de la trachée. *Revue de chirurgie*, avril 1891.

On n'a guère mesuré et calibré que la trachée du cadavre, la trachée morte. Or, c'est à la *trachée vivante* que le chirurgien s'adresse. M. Nicaise a démontré expérimentalement qu'à l'état de repos, les arcs cartilagineux sont en contact par leur extrémité postérieure, et que la bande musculaire (portion molle), repliée, forme crête en dedans du tube aérien : c'est la systole trachéale.

Il suit de là que le *calibre vrai* de la trachée doit être notablement inférieur à celui qui est devenu classique, ce qui n'est pas sans importance, pour le choix des canules à trachéotomie. Une série de mensurations, pratiquées à des hauteurs différentes et après rapprochement au contact des anneaux, nous ont fourni des résultats numériques consignés dans un tableau. En moyenne générale, la trachée vivante a un diamètre antéro-postérieur de 11 millim. et un diamètre transverse de 12 millim. 1/2 ; mais la réduction du calibre, à l'état vivant, varie naturellement avec la largeur et la force de la bande musculaire, et aussi avec l'élasticité des anneaux cartilagineux.

Quant à la forme de la trachée, elle est beaucoup plus irrégulière qu'on ne le croit ; il est rare de trouver un anneau symétrique. Quelques dépressions sont constantes, telles que la dépression thyroïdienne.

Ces notions expliquent un certain nombre de faits cliniques, et commandent certaines précautions opératoires.

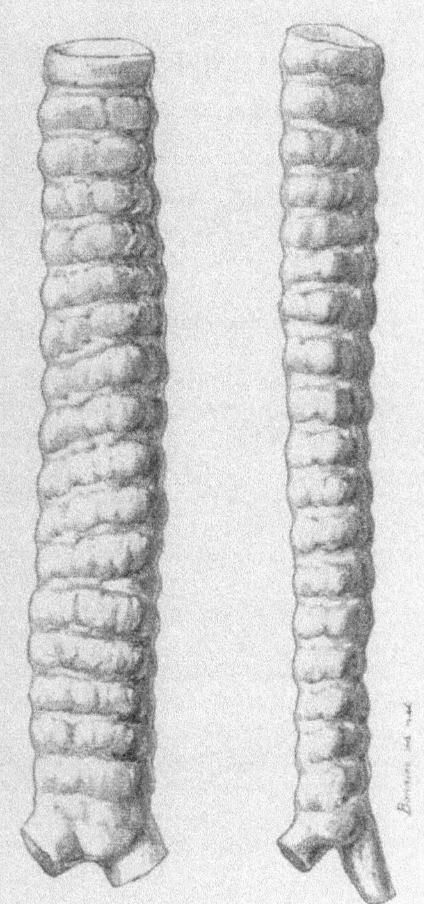

Fig. 8. — *Trachée morte.* Fig. 9. — *Trachée vivante.*

II. — CHIRURGIE

Du gros rein polykystique de l'adulte. Thèse de doct., 1888.

Sous ce titre, nous avons cherché à fixer les traits d'une maladie assez fréquente, en somme, puisque notre mémoire renfermait 63 observations, et que nous pourrions aujourd'hui en ajouter sans peine une dizaine.

Le type anatomo-pathologique du *gros rein polykystique* est fort net, et, sur la table d'autopsie, on ne saurait confondre, avec quelque lésion que ce fût, ce rein énorme et bosselé, véritable grappe de kystes, tel que le montre la figure ci-contre. Presque toujours, la dégénérescence kystique est bilatérale. Il n'est pas rare que le foie soit atteint, lui aussi, et nous avons rassemblé 17 observations de cette dégénérescence kystique simultanée du foie et des reins. N'a-t-on pas signalé, dans quelques cas, une sorte de généralisation du processus kystique ?

Ce qui est beaucoup moins établi, c'est la nature exacte de cette maladie kystique du rein, en tout semblable, comme teneur générale, aux autres formes de *maladie kystique*, du testicule, du sein, de l'ovaire, etc. Virchow lui avait assigné une origine *congénitale* ; après avoir décrit le double rein kystique du fœtus, il avait admis que la lésion, à condition d'être partielle, pouvait être compatible avec la vie, persister jusqu'à l'âge adulte, et prendre, à un moment donné, un développement rapide. Ce qui viendrait à l'appui de cette hypothèse, c'est la coexistence fréquemment signalée de difformités congénitales (1).

La théorie de la rétention par sclérose a rallié plus de suffrages ;

(1) Dans une de nos observations, il existait à la fois un double rein polykystique et un utérus cloisonné dans toute sa hauteur. *Bull. Soc. anatomique*, novembre 1886, p. 633, 1 fig.

mais, après discussion, on en vient à reconnaître qu'elle ne saurait expliquer que la genèse des petits kystes, tels qu'ils se rencontrent

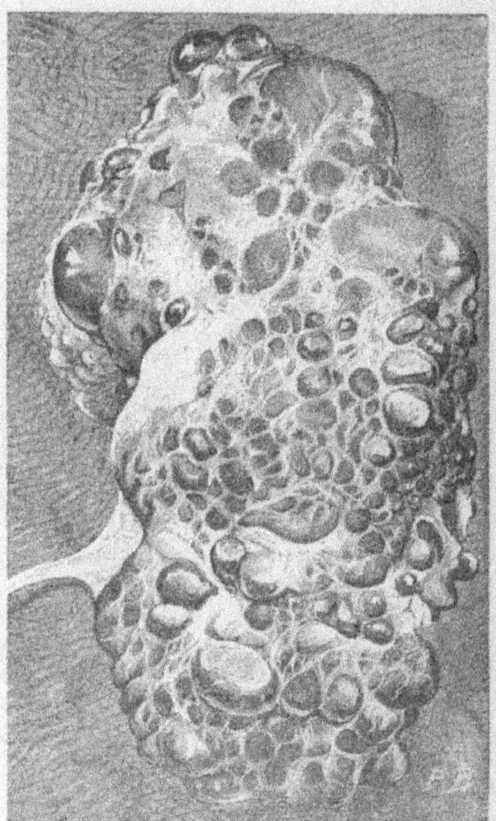

FIG. 10. — *Gros rein polykystique.*

dans la néphrite interstitielle. Il semble donc, comme l'ont montré les examens de MM. Malassez, Brigidi et Severi, etc., qu'il s'agisse bien primitivement d'un processus épithélial : c'est à l'*épithélioma mucoïde* que se rapportent les kystes multiples du rein, comme ceux de l'ovaire, et, en réalité, pareille hypothèse cadre bien avec l'évolution de la maladie. L'examen de reins polykystiques, aux tout premiers stades de la lésion, permettrait seul une vérification définitive.

La maladie kystique du rein a été longtemps considérée comme « une trouvaille d'autopsie » ; mais elle a, en clinique, sa place marquée, et hormis ces cas où, après une longue période latente, la mort survient brusquement, elle présente un appareil symptomatique suffisant pour en permettre le diagnostic.

Tantôt on constate les signes des tumeurs du rein, atténués pourtant, la *douleur lombaire*, qui manque rarement, les *hématuries*. La douleur est rarement lancinante ou térébrante, c'est ordinairement une sensation de pression continue, une constriction pénible, qui peut devenir par moments une souffrance aiguë et s'irradie alors dans l'abdomen, vers le testicule ou dans le membre inférieur. On la réveille par la pression exercée dans le creux costo-iliaque, et la bilatéralité très ordinaire de cette douleur rénale devient un précieux élément de diagnostic, en présence des données presque toujours unilatérales de la palpation.

Les troubles de la miction sont assez rarement signalés, à part une polyurie, d'intensité moyenne et intermittente. Quant à l'hématurie, elle figure très fréquemment dans l'histoire des malades, soit à titre d'accident passager, soit avec un caractère de répétition et d'abondance qui lui impriment une haute gravité.

Ailleurs, on ne signale guère que les accidents du brightisme : l'albuminurie, l'œdème, la céphalée, les accidents dyspnéiques et jusqu'aux « petits signes » (Dieulafoy). L'hypertrophie du ventricule gauche est couramment observée.

Toujours est-il que l'attention est attirée du côté des reins. Si l'exploration est bien conduite, on peut alors déceler les deux tumeurs, ou l'une des deux. Dans nos observations, 18 fois l'existence *d'une tumeur* est signalée, et, dans quelques cas, une analyse minutieuse a permis de reconnaître nettement le rein polykystique. Nous avons cherché à faire ressortir la nécessité et les procédés de cette exploration précise, et à établir ainsi la possibilité du diagnostic.

C'est là un point de haute importance ; en effet, si la bilatéralité de l'affection rénale proscrit toute intervention active, une erreur de diagnostic, suivie d'une néphrectomie, entraîne fatalement les plus graves conséquences : témoin un fait rapporté par Bergmann (gros rein polykystique pris pour un rein flottant cancéreux ; néphrectomie, mort d'anurie ; l'autre rein était polykystique).

Comme l'hydronéphrose, les kystes du rein sont susceptibles de *s'infecter* : leur contenu devient purulent, et même on a signalé la coexistence d'un abcès périnéphrétique. Il en était ainsi, dans une de nos observations ; et il y a là une cause de suppuration périnéphrétique qu'il ne faut pas oublier. Une fois la collection ouverte, le doigt, plongé tout au fond, heurte la surface bosselée et fluctuante du rein polykystique, figurant une autre poche, qu'il faut à son tour reconnaître.

Grand kyste hématique du rein gauche. Hémorrhagie de la capsule surrénale gauche. Mort rapide à la suite d'une ponction exploratrice. (En collaboration avec M. SEBILEAU.) *Bull. Société anatomique*, octobre 1887, p. 626.

La tumeur se dessinait en relief dans le flanc gauche, et fit hésiter entre un kyste du rein et une tumeur splénique. La ponction ne fournit qu'un peu de sang. Le lendemain, la malade mourait brusquement.

Le kyste, gros comme les deux poings, siégeait dans le rein gauche ; il était rempli de caillots noirâtres, fibrineux par places ; sa paroi superficielle était mince et réticulée, sa paroi profonde était formée par le parenchyme refoulé, et sur elle, on voyait serpenter de *grosses veines thrombosées*. L'examen histologique de cette paroi nous montra une série de lames fibreuses superposées en strates irrégulières, au milieu desquelles on distinguait quelques artérioles et des fragments de tubes urinifères, à demi comblés par un épithélium granuleux.

La pathogénie de ces kystes hématiques du rein est encore assez obscure ; quelques-uns sont nettement d'origine *traumatique* ;

ailleurs, il semble bien que la rupture ou l'ulcération vasculaire se soit faite *sur la paroi d'un grand kyste séreux*, dont elle a transformé le contenu, primitivement limpide ; enfin, il faut tenir compte des *tumeurs* (épithéliomas, adénomes) *dégénérées*.

Les kystes des reins. *Gazette des hôpitaux*, 20 avril et 4 mai 1889.

En laissant à part les tumeurs malignes dégénérées, et les petits kystes, séreux, colloïdes ou sanguins, de la néphrite interstitielle, qui, par leur confluence, peuvent donner naissance au petit rein polykystique, il reste, comme variétés chirurgicales proprement dites :

1° *Le gros rein polykystique* ;

2° *Les grands kystes isolés, séreux ou hématiques* ;

3° *Les kystes hydatiques.*

A côté du gros rein polykystique de l'adulte, il y avait lieu de décrire le *gros rein polykystique congénital*, que M. Bouchacourt signalait, dès 1843, sous le nom de « dégénérescence hydatique ou hydatiforme du rein, chez le fœtus ». J'en ai réuni 36 observations, dont un cas personnel, observé à l'hôpital Cochin.

Le type anatomo-pathologique est le même que chez l'adulte, la bilatéralité est aussi presque constante. Quant à la pathogénie, s'il faut faire une large part à l'atrésie papillaire (Virchow), peut-être s'agit-il souvent du même processus épithélial que chez l'adulte. L'existence de ce double rein polykystique est une cause de dystocie, et nécessite des opérations obstétricales graves, car la ponction ne suffit pas à vider ces tumeurs alvéolaires. Le fœtus est mort, presque toujours ; pourtant on a signalé plusieurs cas de survie : il existait alors un rein polykystique unilatéral.

Ce mémoire contient encore 27 cas de *grands kystes séreux*, ayant été l'objet d'une intervention chirurgicale, et 6 cas de *kystes hématiques*.

Sur ces données, nous avons essayé de reprendre l'histoire de ces deux variétés de kystes comme M. J. Bœckel l'avait fait pour les kystes hydatiques. Leurs caractères physiques, les différents modes d'exploration rénale (Guyon), les éléments précis du diagnostic ont été surtout étudiés.

Quant à l'intervention chirurgicale, voici les résultats auxquels conduit l'analyse des faits. La ponction simple, pratiquée 7 fois, a fourni 3 guérisons et 4 morts ; la ponction suivie d'injection iodée a été désastreuse (3 cas, 3 morts) ; il faut donc réserver tout au plus la ponction simple à quelques cas déterminés de diagnostic douteux et proscrire la ponction avec injection iodée. En somme, il ne reste en présence que la *néphrotomie* (suture de la poche à la paroi, ouverture et drainage), encore rarement employée (2 faits), ou la *néphrectomie*. 14 fois la néphrectomie a été faite, et 2 fois seulement le diagnostic de kyste du rein avait été antérieurement posé et l'intervention pratiquée de propos délibéré : sur ces 14 néphrectomies, on enregistre 7 morts, 7 guérisons, soit une mortalité de 50 0/0 (péritonite, infection purulente, shock, urémie), qui s'abaisserait, si l'on ne tenait compte que des observations de la période antiseptique. Toujours est-il que l'état de l'autre rein demeure presque toujours inconnu ou douteux ; les indications de la néphrectomie sont donc bornées, et, comme pour les kystes hydatiques (J. Bœckel), il semble que la néphrotomie, l'ouverture du kyste après fixation à la paroi, qui donne dans les kystes du foie de si heureux résultats, doive, ici encore, être la méthode de choix.

Les canaux accessoires de l'urèthre. *Annales des maladies génito-urinaires*, juin 1888.

On constatait, chez le sujet que nous avons observé, à la hauteur de la couronne du gland, sur la peau, une petite fente, à lèvres plissées et rouges, de 3 millim. de large à peu près. Au palper, on sentait déjà une sorte de tractus longitudinal sous-cutané, qui semblait se continuer jusqu'au pubis ; une bougie n° 9 pénètre aisément dans un canal, qui remonte sous la peau jusqu'au ligament suspenseur de la verge, et s'arrête là en cul-de-sac. Ce long canal accessoire était le siège d'un écoulement blennorrhagique très abondant.

Ces *canaux accessoires de l'urèthre* peuvent se classer en deux variétés :

A. *Ectopies*. . { α. De l'extrémité inférieure du rectum. β. Des canaux éjaculateurs. γ. Des conduits excréteurs de la prostate.

B. *Épispadias*. — Variété d'épispadias constituée par l'adossement incomplet des deux bourgeons caverneux.

Ceux de la première variété représentent des faits très rares d'abouchements anormaux. Les *vrais canaux accessoires* se terminent en cul-de-sac, ils se prolongent plus ou moins loin vers le pubis, et suivent la gouttière supérieure des corps caverneux : il semble légitime de rapporter leur pathogénie à un défaut de réunion des deux bourgeons caverneux, et de les faire ainsi rentrer dans le type des épispadias. Chaque bourgeon caverneux, en effet, doit constituer, non seulement la masse même du corps érectile, mais aussi les parties molles enveloppantes et la peau du dos de la verge ; ces bourgeons se soudent au niveau de la peau, ils se soudent au niveau du corps caverneux, ils restent séparés entre la peau et le corps caverneux : d'où le canal sous-cutané.

Ces recessus borgnes semblent être d'excellents milieux de culture pour le virus blennorrhagique : 4 fois sur 6 observations, le canal accessoire était atteint de gonorrhée, et quelquefois l'urèthre était resté intact.

Gangrène totale de la verge par infiltration d'urine. *France médicale*, 1890.

Ce fait doit rentrer dans l'étude des *gangrènes urinaires*. A la suite d'une fausse route, d'une plaie du canal, l'urine ne s'infiltre pas toujours dans les tissus péri-uréthraux, elle peut se faire jour dans l'épaisseur même des corps érectiles, et crée là un véritable pénitis gangreneux ; chez notre malade, à la suite d'un cathétérisme maladroit, il survint un gonflement énorme de la verge (le périnée restant intact), qui finalement se gangrena et se détacha tout entière, au niveau du ligament suspenseur.

De l'amputation dans la gangrène spontanée. *Semaine médicale* 16 janvier 1892.

On peut classer comme suit les différents modes d'intervention active, dans la gangrène :

1° *L'amputation primitive* ; dès que la gangrène est confirmée. Elle doit, de toute nécessité, se faire assez haut, pour prévenir les accidents de mortification ultérieure.

2° *L'amputation secondaire*, que l'on pratique alors que la gangrène est bien circonscrite par un sillon commençant d'élimination ; la section pourra porter, dans ces conditions :

A distance ;

A l'union du mort et du vif ;

Sur la région mortifiée, à peu de distance de la zone de démarcation ; c'était la pratique des anciens, qui redoutaient l'hémorrhagie ; elle n'a plus de raison d'être.

3° *L'amputation tardive*, simple régularisation le plus souvent, qui se borne à la section de l'os, trop lentement attaqué par le travail d'amputation spontanée.

Il est de saine pratique, dans la majorité des cas, d'attendre que le sphacèle soit bien limité ; de la sorte, on économise et le traumatisme opératoire et le segment à sacrifier. J'ai voulu seulement montrer qu'il est une *forme aiguë* de la gangrène spontanée, angioscléreuse, où la réaction inflammatoire et douloureuse est si intense, et les accidents d'intoxication générale si graves, qu'une exérèse prompte devient une œuvre de salut.

Néoplasmes herniaires et péri-herniaires. *Gazette des hôpitaux*, 3 août 1889.

La tuberculose et les néoplasmes des hernies étaient à peine signalés : nous avons pu en grouper, autour de 2 cas personnels, 35 observations.

Ces tumeurs se répartissent en trois variétés ; elles sont *intrasacculaires*, *sacculaires* ou *périsacculaires*. Au premier groupe se rapportent les lésions néoplasiques ou tuberculeuses de l'intestin, de l'épiploon, plus rarement du mésentère, ou encore de l'ovaire ou du testicule, contenus dans une hernie. Chez l'un de nos malades, il s'agissait d'un fibro-sarcome qui avait envahi l'anse herniée et une partie du sac (hernie inguinale) : il fallut réséquer 8 cent. d'intestin (Le Fort).

Le sac est le premier atteint par l'extension des néoplasmes développés dans les organes herniés ; ailleurs, il est envahi seul ou primitivement. Cruveilhier a signalé le premier la tuberculose du sac herniaire : elle affecte deux formes : tantôt il s'agit de granulations miliaires, disséminées sur toute la surface de l'enveloppe séreuse (nous en rapportons un exemple), tantôt les lésions sont beaucoup plus avancées, le sac, cloisonné et adhérent à son contenu, rappelle de tout point ce que l'on voit dans la péritonite tuberculeuse proprement dite, à forme fibreuse.

La troisième variété comprend les kystes périsacculaires, et aussi des lipomes, et quelques autres tumeurs.

Une particularité intéressante de ces lésions herniaires, c'est *leur localisation ordinaire au territoire de la hernie*. Les néoplasmes s'arrêtent, d'ordinaire, nettement au collet du sac ; il en est de même de la tuberculose ; la péritonite tuberculeuse herniaire est une péritonite entièrement locale : le segment épiploïque hernié est farci de tubercules, l'intestin ou le sac en sont parsemés, mais, audelà, le péritoine pariétal, le reste de l'intestin, ou de l'épiploon restent indemnes : il semble que la hernie et les mille froissements auxquels elle est soumise servent d'appel pour les déterminations morbides.

Ces hernies néoplasiques offrent un certain nombre de caractères cliniques, qui permettent de soupçonner la complication.

Quelquefois, le malade s'est aperçu de la tumeur dès les premiers temps où elle est apparue ; mais il est plus ordinaire que la hernie change d'aspect lentement et par degrés, qu'elle devienne plus grosse, moins réductible, douloureuse par moments, et que des accidents répétés de pseudo-obstruction viennent indiquer la marche progressive des altérations.

Les *douleurs*, sous forme de crises, qui revêtent les allures de la péritonite herniaire, ou continues — les accidents d'*obstruction* passagère : tels sont, en effet, les premiers phénomènes en date : il faut y joindre l'*irréductibilité partielle* qui est d'observation à peu près constante dans ces hernies compliquées de tuberculose ou de néoplasmes. Elle s'explique bien du reste, par les adhérences des viscères à la paroi du sac, ou par le volume même du néoplasme : on refoule dans le ventre une partie plus ou moins grande de la hernie, mais il reste un noyau dur, bosselé, douloureux, que le taxis est impuissant à réduire. Enfin deux autres complications fréquentes, et qui souvent provoquent la terminaison ultime, doivent être signalées : l'*étranglement intrasacculaire*, le néoplasme étant devenu l'agent même de la constriction et de l'arrêt stercoral ; la *péritonite herniaire*, péritonite spéciale, tuberculeuse ou cancéreuse, qui se diffuse dans l'abdomen et se généralise.

Le diagnostic des tumeurs péri-herniaires est relativement aisé ; il n'en est pas de même des néoplasmes endo-sacculaires, et c'est avec les épiplocèles anciennes, épaissies et adhérentes, que la confusion a tout lieu d'être faite. Plusieurs fois, la nature exacte des lésions n'a été reconnue qu'au cours même de l'opération. Pourtant nous nous sommes efforcé de montrer qu'une analyse clinique soignée permettrait assez souvent de reconnaître cette grave complication des hernies.

Dans ces conditions, l'indication est d'opérer, et d'opérer le plus tôt possible. Un fait de haute importance se dégage, en effet, de l'ensemble des constatations anatomiques : c'est la localisation primitive du néoplasme à la hernie seule et la longue durée de cette limitation. Opérer de bonne heure et faire la cure radicale, ce sera quelquefois enlever tout le mal. Plus souvent, l'on sera conduit à l'intervention sanglante par des accidents pressants. Si l'épiploon est le siège du mal, c'est la résection de toute la portion herniée qu'il faudra faire, en ayant soin d'attirer au dehors le pédicule épiploïque et de jeter la ligature en tissu sain : le sac sera toujours largement réséqué. Lorsque l'intestin est intéressé, il faut recourir à l'entérectomie, et il y a lieu de discuter alors la question de l'entérorrhaphie immédiate ou de l'anus contre nature.

Polypes de l'amygdale. *Archives gén. de médecine*, décembre 1891.

Il existe deux types de polypes de l'amygdale : 1° les *polypes lympho-angiomateux*; 2° les *polypes fibro-angiomateux*. Ceux de la première variété ont pour stroma un véritable réticulum très

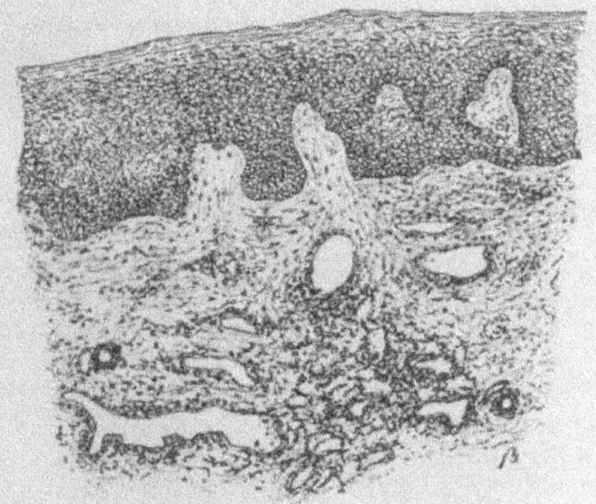

Fig. II. — *Polype fibro-angiomateux de l'amygdale.*

fin, très régulier, analogue à celui des ganglions lymphatiques, ou des follicules clos de l'intestin ; la masse même de la tumeur est infiltrée de cellules lymphatiques, qui se groupent par places, en amas, et qui figurent une ébauche de follicule : en un mot, il y a là du tissu lymphoïde, analogue au tissu propre de l'amygdale. Les autres sont fibreux (voy. les figures ci-contre, représentant deux nos coupes), mais, dans l'une et l'autre forme, le tissu du polype est parsemé de cavités irrégulières, si confluentes par places, qu'elles figurent un *véritable tissu lacunaire*.

Ces lacunes sont des cavités vasculaires ; quelques-unes contiennent encore en amas épars dans les anfractuosités de leur paroi, un détritus granuleux, qui laisse reconnaître des formes de globules sanguins; quelques cavités, plus petites, sont remplies de ce contenu sanguin. La forme est très variable : arrondies, en général, quand elles sont encore de petit diamètre, elles s'allongent en s'élargissant ou revêtent une forme plus ou moins irrégulièrement ovalaire; quelques-unes ont une paroi unie et lisse, ailleurs, ce contour est accidenté ; une mince couche réfringente recouvre la paroi interne des lacunes et en dessine la masse. Cet élément *angiomateux*, indiqué dans quelques faits antérieurs, semble prendre une grande part dans la structure des polypes amygdaliens; et voilà comment se différencient les différentes productions polypeuses de

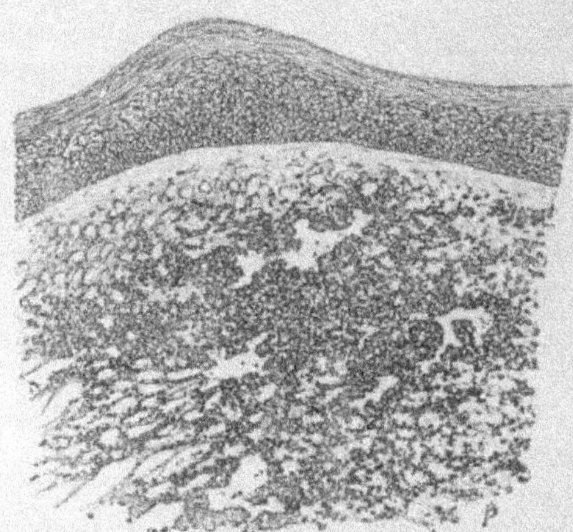

FIG. 12. — *Polype lympho-angiomateux de l'amygdale.*

la muqueuse nasale et pharyngienne, cette région à polypes : *muqueux* dans les fosses nasales, le plus souvent; *fibro-muqueux* au niveau de l'orifice postérieur des cavités nasales (Panas), *fibreux* à la voûte du pharynx, ils deviennent *vasculaires*, lympho-angiomateux ou fibro-angiomateux, plus bas, dans la portion buccale du pharynx et dans la région amygdalienne.

Cliniquement, il faut distinguer les polypes *à court pédicule*, presque sessiles, parfois multiples, et les *polypes à long pédicule;* ces derniers, à l'état de repos, descendent très bas, et se logent près de l'épiglotte, il faut une secousse de toux, pour qu'ils s'échappent brusquement et sautent, en quelque sorte, sur la face dorsale de la langue. Ce sont, à proprement parler, des tumeurs oscillantes.

Une gêne de la déglutition, la sensation d'un corps étranger qui se déplace dans la gorge, qui ballotte « comme un battant de cloche » ; des quintes de toux, une sorte de « hem » souvent répété : tels sont les signes ordinaires, auxquels peuvent se joindre peut-être des accidents plus sérieux. Les polypes longuement pédiculés sont de coloration grisâtre et semblent plutôt fibro-angiomateux ; ceux qui restent presque sessiles, de coloration plus rouge, de surface mamelonnée, sont le plus souvent à stroma lymphoïde.

L'excision aux ciseaux, après anesthésie de l'arrière-bouche à la cocaïne, est le seul traitement applicable.

Phlegmon infectieux sus-hyoïdien. Contribution à l'étude des septicémies d'origine buccale. *Gazette hebdomadaire*, 13 juillet 1888.

Tout foyer traumatique ou phlegmoneux qui communique avec le tube digestif est bien placé pour donner prise aux accidents septiques. Cela est vrai surtout de la bouche, et ce que Chassaignac et Richet désignaient sous le nom de « cachexie buccale » ou « d'intoxication putride », ce qu'ils attribuaient à un empoisonnement par les voies digestives, doit être rapporté aujourd'hui à l'infection directe, à l'inoculation dans les espaces celluleux péri-maxillaires, des liquides buccaux, du *virus buccal*. A l'appui de cette action nocive du virus buccal, nous relatons un fait, où, à la suite de l'ablation d'une dent de sagesse et d'une large déchirure de la muqueuse buccale, il était survenu un énorme phlegmon gangreneux sus-hyoïdien, avec dénudation et nécrose du maxillaire inférieur, ulcération de l'artère faciale, enfin septicémie suraiguë, terminée par la mort.

Goitre suppuré. Ulcération de la carotide primitive et de la jugulaire interne droites. *Bull. Société anatomique*, 1886, t. XI, p. 611.

Nous n'avons trouvé qu'un seul fait du même genre (obs. de Poumet, *Soc. anat.*, 1877). Les deux vaisseaux étaient largement ulcérés ; de plus, la paroi kystique leur adhérait si intimement, qu'il eût fallu, dans l'hypothèse d'une thyroïdectomie ultérieure, réséquer la carotide et la jugulaire sur une longueur de plusieurs centimètres.

Épithélioma kystique de la région sus-hyoïdienne gauche. Ulcération de l'artère faciale. Ligature de la carotide primitive. *Bull. Soc. anat.* décembre 1886.

Variété rare d'épithélioma térébrant, à marche envahissante, et dont le point de départ semblait être la glande sous-maxillaire.

L'occlusion intestinale au cours de la péritonite tuberculeuse. *Gazette des hôpitaux*, 5 décembre 1891.

L'arrêt stercoral, au cours de la péritonite tuberculeuse, reconnaît quatre mécanismes différents :

1° *L'étranglement par une bride* ;

2° *La coudure de l'intestin* ;

3° *L'agglutination en paquet*, ou l'occlusion en masse, par brides et coudures multiples ;

4° *La paralysie intestinale*.

L'occlusion chronique est le type le plus fréquent, mais les accidents peuvent affecter une allure aiguë, *et l'arrêt stercoral survenir d'emblée, au cours d'une péritonite jusqu'alors latente*. Ainsi en fut-il chez deux de nos malades, et la laparotomie permit de découvrir, chez l'un, une coudure par bride (voy. fig. 13) chez l'autre, une simple paralysie intestinale. Dans ce dernier cas, l'ouverture du ventre suffit à faire tomber tous les accidents de l'*occlusion paralytique*. Les faits de ce genre ne sont pas aujourd'hui très rares.

Toujours est-il qu'ici encore l'arrêt stercoral, brusque et complet, impose une intervention active, et, dans un certain nombre de cas, la cause réelle des accidents ne se révèle qu'une fois le ventre ouvert. Si l'on se trouve en présence de l'agglutination en masse, l'action chirurgicale restera fort bornée : le paquet d'anses adhé-

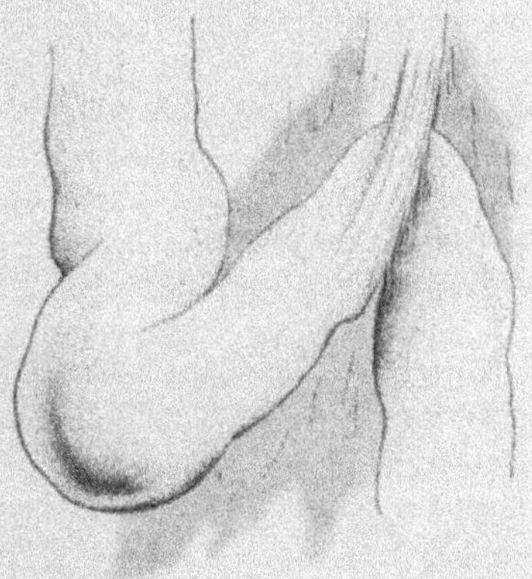

FIG. 18. — *Étranglement par coudure de l'intestin.*

rentes est presque impossible à dévider, il faut se contenter de faire un anus contre nature sur le bout supérieur, encore perméable. Lors d'un étranglement par bride, par coudure, la situation est tout autre, et l'intervention active, la section de la bride, suivie d'un grand lavage péritonéal, donne de tout autres résultats.

Un cas d'appendicite perforante suraiguë. *France médicale*, 31 octobre 1890.

Mort en 24 heures, par péritonite généralisée, à la suite d'une perforation de l'appendice iléo-cæcal. Étude de ces formes d'*appendicite suraiguë*, pour lesquelles la laparotomie médiane immédiate constitue la seule ressource.

Essai sur la lymphangite tuberculeuse. *Études expér. et clin. sur la tuberculose*, publiées sous la direction de M. le professeur VERNEUIL, 1891, t. III, 1er fasc., p. 190 à 287, 10 fig.

Le rôle des lymphatiques est double, dans la tuberculose : 1° ils *charrient* le virus avec la lymphe, et créent ainsi des foyers plus ou moins lointains, au gré de leur distribution anatomique, et des obstacles qui résultent des thromboses, des oblitérations inflammatoires, de l'obstruction des ganglions ; 2° ils *s'infectent* eux-mêmes et deviennent, à leur tour, autant de foyers de pullulation.

Or, l'histoire de la lymphangite tuberculeuse ne remonte pas très loin, puisque Bazin, en 1870, intitulait : « Tumeurs suppurées des lymphatiques du membre supérieur », une observation que nous considérons aujourd'hui comme absolument typique.

Nous laissons de côté les lymphangites viscérales, qui compliquent si souvent la tuberculose du poumon et de l'intestin, pour nous occuper surtout de la lymphangite tuberculeuse *chirurgicale*.

Elle succède aux inoculations directes, aux piqûres, etc. Les petites plaies superficielles, les érosions, les crevasses, servent de voie à une véritable contagion inter-humaine (par les crachats, le linge, la poussière des parquets, etc.) : et cette étiologie s'appuie sur un certain nombre de faits intéressants. Notre malade, fillette de 12 ans 1/2, s'était piquée, au médius droit, avec une aiguille ; il survint une petite ampoule, puis une sorte de tourniole ; une ou deux semaines plus tard, deux nodules arrondis, gros comme des pois, se dessinaient de chaque côté de la première phalange ; quelques jours après, deux nouvelles bosselures apparaissaient au dos de la main, puis d'autres à l'avant-bras, et jusqu'au tiers inférieur du bras (fig. 14). Une autre variété de lymphangite tuberculeuse secondaire, se développe à la suite de lésions profondes, tumeurs blanches, synovites, ostéites.

Quelle qu'en soit l'origine, la forme noueuse caractérise la lymphangite tuberculeuse. *Une série de nodules, reliés par des tractus arrondis :* voilà, d'ordinaire, ce que l'on observe, et les lymphangites tuberculeuses expérimentales revêtent un aspect et des caractères identiques. (Figures 2, 3, 4, 5, 6, 7 du mémoire.)

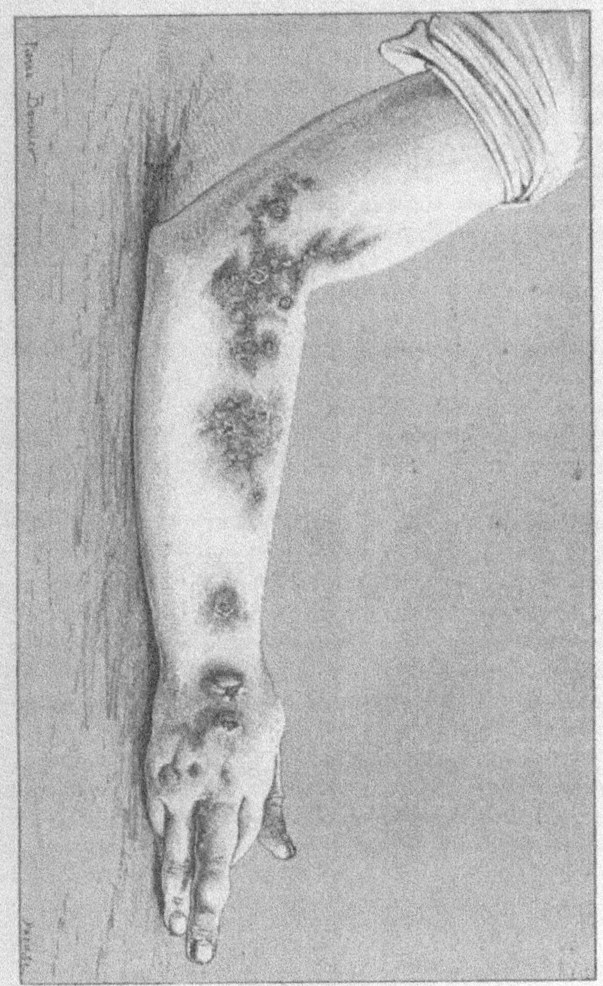

FIG. 14. — *Lymphangite tuberculeuse.*

L'examen histologique permet de relever, comme faits principaux : l'oblitération du vaisseau lymphatique par un réticulum ou des masses vitro-caséeuses ; l'épaississement et l'infiltration embryonnaire de la paroi, l'existence de cellules géantes et de bacilles. Il y a *lymphangite* et *péri-lymphangite*, et la péri-lymphangite est surtout importante, car elle représente le processus de diffusion excentrique et d'envahissement progressif : par elle s'explique que les nodule lymphangitiques deviennent, en grossissant, des gommes tuberculeuses et des abcès froids.

Cliniquement, il existe deux variétés de lymphangite : elle est *tronculaire* ou *réticulaire*.

La première est de beaucoup la plus fréquente, ou du moins celle qui se révèle surtout en clinique. Elle comporte, du reste, trois formes :

1° la forme *typique, polynodulaire, en série*. Elle est classique ; en série de noyaux, de gommes lymphangitiques se disséminent en traînée régulière le long des faisceaux lymphatiques. En règle, l'éruption se limite au territoire des lymphatiques qui émanent de la lésion originelle, mais il arrive qu'elle empiète sur les territoires voisins, et que l'on voie paraître, hors rang, un nombre variable de nodules ; ou encore la marche ascensionnelle cesse d'être régulière et des bosselures se soulèvent sur le segment inférieur d'un tronc dont la partie supérieure en est déjà parsemée. Ces nodules sont intra-dermiques ; sous-cutanés ou profonds ; ils passent par le triple état de crudité, d'ulcération et de cicatrice, et les ulcérations comme les cicatrices, sont régulières aussi et de distribution caractéristique. Les ulcérations affectent, du reste, deux types : tantôt elles sont arrondies, taillées à pic et ressemblent à des furoncles ouverts et à demi vidés ; tantôt et plus souvent peut-être l'ulcération sert à l' « ensemencement tuberculeux » de la peau, elle occupe le centre d'une plaque de tuberculose cutanée verruqueuse (voy. fig. 14).

2° La forme *paucinodulaire, à distance*. — Ici, les intermédiaires sont franchis, et les gommes apparaissent à longue distance du foyer d'origine, presque toujours rares, et souvent plus grosses que dans le type précédent. Nous en rapportons plusieurs exemples : à la suite d'une piqûre infectée d'un doigt, noyau lymphangitique à la pointe du V deltoïdien, gros noyau, du volume du poing, sur le bord inférieur du grand pectoral, autres noyaux à l'aisselle et au cou ; nodules lymphangitiques de la cuisse, le long des lymphatiques qui suivent la saphène interne, à la suite d'une tumeur blanche tibio-tarsienne, etc.

3° Les *gommes et abcès froids*, d'origine lymphangitique. Les abcès concomitants, tels que les a décrits M. le professeur Lannelongue, rappellent souvent d'une manière frappante, comme distribution, comme forme, les gommes lymphangitiques en série : il semble très vraisemblable que leur pathogénie soit identique. Ne peut-on ramener au même processus certaines variétés de gommes isolées, d'abcès froids lointains, dont les connexions originelles sont beaucoup moins précises ? Nous avons cherché à dégager cette pathogénie, et à mettre en lumière le rôle de la lymphangite tuberculeuse dans l'évolution des tuberculoses externes disséminées.

La variété *réticulaire* est beaucoup moins nette en clinique. Elle-même affecte deux formes : la forme *lupique* et la forme *lymphangiectasique*. N'a-t-on pas vu souvent les plaques de lupus s'étager très régulièrement le long des faisceaux lymphatiques, et accuser ainsi leur origine ? Quant au type lymphangiectasique, dans lequel rentreraient un certain nombre de faits de prétendues varices lymphatiques (Hallopeau et Goupil), il est encore trop récemment décrit, pour que son histoire soit complète.

La marche ascendante de la lymphangite tuberculeuse, le mode d'envahissement des ganglions (quelquefois indemnes), du poumon, enfin le diagnostic et le traitement font l'objet des derniers chapitres du mémoire.

Fistules branchiales à paroi complexe : gaine musculaire striée, glandules et diverticules. Déductions thérapeutiques. *Progrès médical*, février 1892.

La paroi des fistules branchiales est souvent plus complexe qu'on

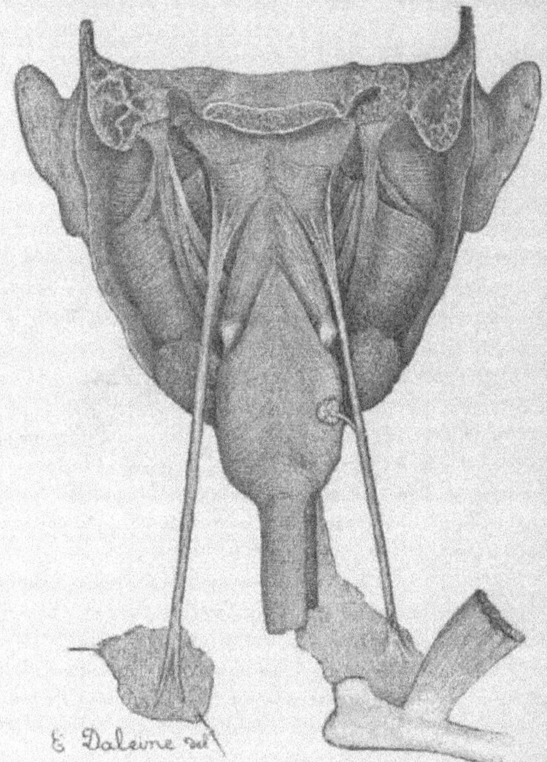

Fig. 15. — A droite, fistule congénitale, glandule, gaine musculaire striée; à gauche, faisceau musculaire strié pharyngo-cutané.

ne l'a indiqué jusqu'ici. Dans le cas que nous relatons, on trouvait, à droite, une longue fistule borgne, engainée d'un faisceau musculaire strié, qui, lui, remontait jusqu'au pharynx et entremêlait ses fibres à celles du constricteur supérieur ; près du cul-de-sac terminal de la fistule, il existait un nodule glandulaire, dont le long canal excréteur allait s'y ouvrir. Cette glandule avait une structure analogue à celles des glandules salivaires. A gauche, un long faisceau musculaire pharyngo-cutané, sans fistule, suivait un trajet entièrement symétrique.

On peut rencontrer, dans la paroi des fistules congénitales :

1° *Des fistules musculaires striées*, engainantes, déjà signalées par Watson ;

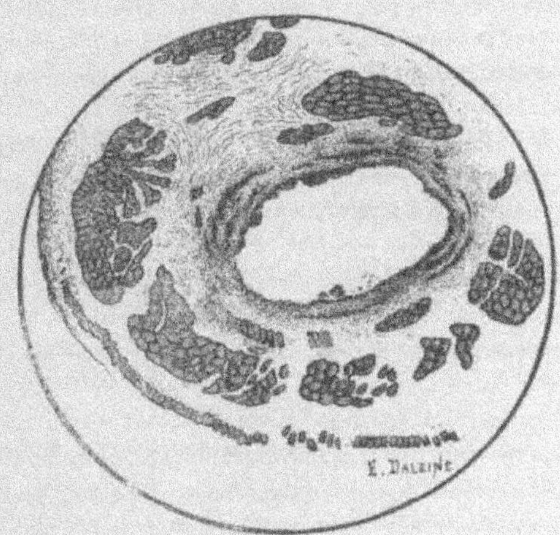

Fig. 16. — *Coupe du conduit fistuleux.* Faisceaux musculaires striés en gaine péri-fistulaire.

2° *Des glandules*, soit à l'état isolé, soit en gaine, dans la paroi même du conduit fistuleux. La forme disséminée semble plus fréquente. Roth et Cusset ont fourni des exemples de ces appareils glandulaires.

A côté de ces glandes « authentiques », il faut faire une place aux *diverticules*, aux ramifications du conduit principal, aux dépressions et aux culs-de-sac pseudo-glandulaires : ce sont là encore des foyers de repullulation. Dans la paroi d'un kyste congénital, cette fois, M. Dubar a décelé l'existence de *prolongements épithéliaux*, fort analogues, sans doute, à ces diverticules des conduits fistuleux, et qui avaient provoqué une triple récidive de la collection kystique.

Ces fistules à paroi complexe, pourvue de glandules et de diverticules, sont plus fréquentes, sans doute, que ne le ferait croire la rareté des examens anatomiques. Et, de fait, comment expliquer autrement la sécrétion, souvent très abondante, des conduits fistuleux ? Leur épithélium, pavimenteux ou vibratile, semble peu propre à une pareille exsudation liquide. Il semble donc rationnel de conclure d'une sécrétion abondante à la présence de glandules dans la paroi fistuleuse, et peut-être pourrait-on décrire des fistules *sèches* et des fistules *humides*, les premières à paroi simple, fibreuse, régulière et susceptibles de céder à une thérapeutique simple elle-même, les autres, de texture compliquée et de cure difficile.

Il suit de ces données de structure, que toute intervention, qui ne détruira pas très profondément la paroi des fistules, restera impuissante ; comme méthodes réellement actives, il n'existe que l'*extirpation totale*, qui n'est guère applicable aux longues fistules latérales du cou, et surtout l'*électrolyse* (Le Fort). La dissection au bistouri permettrait seule l'éradication des diverticules et des glandules aberrantes, et c'est, dit-on, la méthode de choix. Pourtant on ne l'a guère appliquée qu'à des fistules relativement courtes, souvent médianes, et l'on aurait tort de croire qu'elle ait été toujours suivie d'une guérison guère définitive : une ou plusieurs récidives sont d'observation courante. Si elle convient aux fistules sus ou sous-hyoïdiennes, relativement courtes, il n'en est pas de même de ces longs conduits fistuleux qui plongent sous le sterno-mastoïdien et croisent les gros vaisseaux du cou : la gravité de l'opération, la longueur de la cicatrice seraient disproportionnés aux accidents de peu d'importance, que provoque d'ordinaire une fistule branchiale, même à long trajet. L'électrolyse, bien maniée, qui ne borne pas son action au revêtement épithélial du trajet fistuleux, mais s'attaque à toute l'épaisseur de la paroi, détruit les glandules disséminées, intra-pariétales, et oblitère le conduit excréteur des glandes isolées, aberrantes, l'électrolyse est le procédé de choix.

Ostéomyélite chronique prolongée à distance. *Gazette des hôpitaux*, 12 novembre 1891

Une collection purulente se développe lentement à la région sacré, chez un ancien ostéomyélitique ; on l'ouvre, l'os est à nu, et le pus donne naissance à une magnifique culture de *Staphylococcus aureus* et de *Staphylococcus albus*. — Simple note destinée à montrer qu'au cours même de l'ostéomyélite chronique prolongée, des localisations à *distance* peuvent apparaître. Sous ce rapport, l'ostéomyélite ne diffère pas de toutes les grandes infections ; l'organisme en reste imprégné, et, lors même que la lésion locale et primitive semble éteinte, d'autres foyers, lointains et disséminés, se créent sourdement. Il serait intéressant de rechercher et d'étudier ces foyers d'infection secondaire et tardive.

ARTICLES PUBLIÉS DANS LE TRAITÉ DE CHIRURGIE

Tome I (p. 643 à 897).

Lymphatiques (Vaisseaux et ganglions).
(Lymphangites. — Lymphangiectasies. — Bubons. — Tuberculose ganglionnaire.)

Muscles.
(Hernies et ruptures musculaires. — Myosites. — Tumeurs des muscles.)

Tendons.
(Plaies et ruptures des tendons. — Ténorrhaphie.)

Synoviales tendineuses.
(Synovites aiguës et chroniques. — Tuberculose et syphilis.)

Bourses séreuses.

(Hygromas. — Tuberculose des bourses séreuses. — Syphilis. — Néoplasmes.)

Tome II (p. 1 à 87).

Nerfs.

(Plaies des nerfs, sutures nerveuses. — Névrites traumatiques. — Tumeurs des nerfs.)

III. — Études étrangères.

Une clinique chirurgicale allemande (Kœnigsberg; *Bulletin médical*, 1888, nos 79 et 80).

C'est la description de la clinique chirurgicale du professeur Mickulicz, prise comme type des Instituts allemands de chirurgie.

L'enseignement de la chirurgie et de l'anatomie dans les Universités de langue allemande. (Rapport présenté à M. le ministre de l'Instruction publique, à la suite d'une mission en Allemagne, Autriche et Russie, 1888.)

Après avoir visité la plupart des Universités allemandes et autrichiennes, j'ai cherché à esquisser les traits principaux de l'enseignement de la chirurgie et de l'anatomie, tel qu'il s'y trouve organisé.

La clinique chirurgicale dans les Universités allemandes, est bien, à proprement parler, l'*Institut de chirurgie* : elle centralise tous les organes et tous les éléments de l'enseignement. Nous avons étudié d'abord l'organisation matérielle de ces Instituts, en prenant des exemples à Berlin, Leipzig, Halle, etc, et, à cette occasion, nous avons passé en revue les méthodes de pansement et la pratique usuelle d'un grand nombre de chirurgiens d'outre-Rhin. Les assistants, leur mode de recrutement, leur situation matérielle et scientifique ; puis l'enseignement clinique, les examens, etc., l'enseignement de la médecine opératoire, sont étudiés dans les chapitres suivants.

Les mêmes principes généraux ont présidé à l'édification et à l'organisation des Instituts d'anatomie, de physiologie, etc.

En résumé, les caractères d'originalité de l'enseignement allemand se résument, croyons-nous, en trois points principaux ;

1° l'enseignement médical est, à lui seul, une carrière ; 2° la décentralisation existe au sein de chaque Université ; 3° la décentralisation existe entre les Universités.

Les hôpitaux d'enfants et les établissements d'Enfants-Assistés à Saint-Pétersbourg et à Moscou. (Rapport adressé à M. le Directeur de l'Assistance publique et publié par l'Administration.)

Ces hôpitaux comptent parmi les plus beaux de l'Europe, non seulement par leur installation matérielle, mais par l'application des procédés modernes d'isolement. Je citerai surtout les maisons d'Enfants-Assistés de St-Pétersbourg et de Moscou, et les hôpitaux du prince d'Oldenbourg, à St-Pétersbourg, de St-Vladimir, à Moscou. Partout il existe : 1° des salles de douteux, ou salles d'observation et de quarantaine, le fondement de toute hygiène hospitalière scientifique (Rauchfuss) ; 2° des salles pour les contagieux, dont la maladie n'est pas encore bien déterminée ; 3° des salles pour les formes mixtes ; 4° des pavillons séparés pour chacune des fièvres éruptives et pour la diphtérie, et, dans chaque pavillon, des salles spéciales pour les formes graves et compliquées. L'isolement des pavillons n'est pas seulement extérieur : il porte sur le personnel lui-même, qui reste attaché, dans toute l'acception du mot, à son service de malades, qui vit et demeure dans son pavillon respectif, en restreignant jusqu'à l'extrême limite toute communication extérieure. Signalons encore le service des policliniques ou consultations externes, toujours indépendantes, avec un local et un personnel à part ; un autre point important, dans ces policliniques, c'est l'isolement immédiat des enfants suspects de maladies contagieuses.

IMPRIMERIE LEMALE ET Cie, HAVRE

www.ingramcontent.com/pod-product-compliance
Ingram Content Group UK Ltd.
Pitfield, Milton Keynes, MK11 3LW, UK
UKHW022145170726
13837UKWH00004B/1790

9 782329 230238